T0146794

APRENDE A CONOCERTE Y CONOCERÁS A QUIENES TE RODEAN

APRENDE A CONOCERTE Y CONOCERÁS A QUIENES TE RODEAN

CECILIA OSTIGUIN

Copyright © 2019 por Cecilia Ostiguin.

Número de Control de la Biblioteca del Congreso de EE. UU.:   2019910068
ISBN: Tapa Dura   978-1-5065-2959-2
                   Tapa Blanda   978-1-5065-2958-5
                   Libro Electrónico   978-1-5065-2957-8

Todos los derechos reservados. Ninguna parte de este libro puede ser reproducida o transmitida de cualquier forma o por cualquier medio, electrónico o mecánico, incluyendo fotocopia, grabación, o por cualquier sistema de almacenamiento y recuperación, sin permiso escrito del propietario del copyright.

Las opiniones expresadas en este trabajo son exclusivas del autor y no reflejan necesariamente las opiniones del editor. La editorial se exime de cualquier responsabilidad derivada de las mismas.

El texto Bíblico ha sido tomado de la versión Reina-Valera © 1960 Sociedades Bíblicas en América Latina; © renovado 1988 Sociedades Bíblicas Unidas. Utilizado con permiso. Reina-Valera 1960™ es una marca registrada de la American Bible Society, y puede ser utilizada solamente bajo licencia.

Algunos nombres de personas, lugares, instituciones, etc, y sus datos de identificación han sido cambiados para proteger la privacidad de los individuos.

Información de la imprenta disponible en la última página.

Fecha de revisión: 22/04/2020

Para realizar pedidos de este libro, contacte con:
Palibrio
1663 Liberty Drive, Suite 200
Bloomington, IN 47403
Gratis desde EE. UU. al 877.407.5847
Gratis desde México al 01.800.288.2243
Gratis desde España al 900.866.949
Desde otro país al +1.812.671.9757
Fax: 01.812.355.1576
ventas@palibrio.com
799504

ÍNDICE

RECONOCIMIENTOS

Mis hijos Grace y Chris, quienes han sido mis mentores a lo largo de este proyecto. También quiero agradecer a mi mamá Herminia Calderón que siempre ha sido una mamá linda, se ha esforzado siempre para darnos lo mejor, cocina delicioso, le encantan las flores, disfruta cultivarlas. A todos mis hermanos y hermanas maravillosos gracias por motivarme. A mi tía Enedina Calderón maravillosa, siempre elegante. A mi tía Domi excelente anfitriona, gracias tía por invitarnos a su hermosa cabaña.

Y a mi tía Hermila Calderón y su esposo Javier Orozco, gracias por sus consejos, todos ustedes son maravillosos, carismáticos, y excelentes anfitriones. A mi primo Enrique y su esposa Cristina, a mi prima Kika Calderon, gracias por sus atenciones. Y a todos mis sobrinos y sobrinas, gracias por su apoyo, maravillosos y talentosos, los amo.

AGRADECIMIENTOS

Primeramente quiero agradecer a Dios por permitirme escribir este hermoso libro, y proveer las ideas y los recursos para hacerlo realidad. Así mismo, gracias a cada persona maravillosa que he conocido, en el transcurso de este proyecto, y que, de alguna manera han compartido sus experiencias, conmigo, así como también, algunas propias de las cuales, he aprendido a crecer.

Agradezco, a mis hijos Grace y Chris que siempre han estado presentes con su apoyo. Doy gracias a Dios por bendecirme con mis tres hijos José, Grace y Cris, maravillosos, valiosos inteligentes, los amo. Dios los bendiga siempre. Así mismo a mi mamá, por creer en mis sueños, gracias mamá. Y también a todos mis hermanos y hermanas maravillosos, los amo.

En especial agradezco a mi hermano Eric que tiene una manera muy especial de contar sus anécdotas. Así mismo a mis amigas Bertha maravillosa entusiasta, siempre con esa actitud positiva, y a mi amiga Jenny excelente decoradora, gracias por escucharme siempre a mi amiga Maria, Licenciada en Informática, gracias por tus consejos. A mi prima Maricela gracias por tus atenciones cuando estuve de visita en tu casa.

La Sra. Duarte, fue una de las primeras personas a quien le comunique sobre mi proyecto y que tuvo la amabilidad de escucharme, y creer en mí, muchísimas gracias. Y a todas las personas maravillosas que van a leer este libro. Muchísimas gracias.

A la editorial Palibrio que me han brindado la oportunidad de publicar con ellos, agradezco a todo el personal, equipo de profesionistas, con gran ética profesional. Gracias a los directores de esta editorial maravillosa, a Alberto, a Karla, a José, muchísimas gracias por darle seguimiento a mi libro, paso a paso, gracias por mostrar interés, la calidad de sus palabras, es muy profesional.

INTRODUCCIÓN

Aprender a conocernos es el camino al éxito

La razón que me llevó a escribir este libro, aprenda a conocerse y conocerá a quienes le rodean es, porque de alguna manera creo que es importante que aprendamos acerca de nosotros mismos, el valor maravilloso que cada uno tenemos como seres humanos. No le conozco personalmente, sin embargo, estoy segura que usted es una persona inteligente, y con talento. No obstante, en algunas ocasiones podría dudar de su valía, por las palabras y actitudes negativas de algunos que le rodean. Es importante fortalecer nuestro interior para estar fuertes en el exterior, porque Dios nos ha dado su amor y su poder para sentirnos confiados y seguros en él, por tanto debemos creer que somos valiosos. Independientemente de las palabras o actitudes de los demás nunca dude de su valía. Interactuamos diariamente dentro de grupos que de alguna manera nos muestran sus cualidades, son creativos y talentosos, sin embargo, algunos de estos creen saberlo todo y que son mas inteligentes que usted.

No obstante, pese a las actitudes de estos individuos, todavía podemos cambiar la mentalidad de estas personas. Es esencial apropiarnos de nuestros valores, practicar la confianza y seguridad en si mismo, trabajar en nuestra autoestima diariamente, mantener una actitud positiva, ya que esta es la que se encarga de abrirnos puertas para mejores oportunidades de trabajo y buenas relaciones interpersonales.

Estamos en este universo maravilloso con un propósito, para desarrollar habilidades, con el objetivo de realizarnos en todas las áreas de nuestra vida, porque hemos sido creados con inteligencia para aprender y talentos para producir. Nadie nació enseñado, todos hemos tenido que aprender de unos y de otros. Los obstáculos mas frecuentes que debemos vencer son: los miedos que están dentro de nosotros, el rechazo de los demás, y en algunas ocasiones el desánimo.

No importa cual sea el trabajo que usted desempeña en este momento, todavía usted puede desarrollar su potencial, porque es inteligente en diferentes maneras. Usted tiene conocimiento en teoría, en ciencia, todo lo que necesita es practicar y comenzar, trabajar en sus metas.

No siempre se requiere que usted sea super dotado para realizar ciertos trabajos. Hoy en día la competencia abarca muchos niveles, sin embargo, usted puede desarrollar la capacidad para desempeñar cualquier trabajo que se proponga realizar.

Aun si usted piensa que el trabajo que otros desarrollan es fácil, tendría que hacerlo usted mismo para que comprenda a los demás, todo trabajo tiene su propia dificultad para aprender a desarrollarlo correctamente. El problema son aquellos que le obstaculizan con sus críticas negativas y egoísmo, haciéndole creer que usted no sabe nada cuando trata de hacer las cosas, le impiden que las realice y cuando no participa se quejan, estos individuos nunca están satisfechos. Actitudes como estas, son los obstáculos que tendrá que vencer con sabiduría para poder alcanzar sus metas.

Entender que existen personas con actitudes negativas y otras con actitudes positivas, las que mantienen una actitud accesible, son los que nos edifican, y nos dan la informacion correcta. Y aquellos que se niegan a ayudarnos, son los que mantienen una actitud negativa pero de igual manera, son los que nos hacen persistir y ser constantes en nuestros objetivos.

Carácter abarca muchísimas cosas.Cuando se habla del carácter, se refiere al modo en que un individuo reacciona habitualmente a determinadas situaciones, confianza en si mismo para tomar decisiones, empatía para comunicar y escuchar asertivamente, especificar claramente lo que decimos, hacerle sentir a la otra persona que nos importa sus ideas, no criticar, no juzgar, entender las emociones de los demás. Tener dominio propio para controlar nuestras emociones.

Haga una lista sobre todas las actividades que realiza durante el día. Trabaja, dirige, organiza, comunica. Todo lo que usted hace para los demás es importante, una manera de lograr que otros valoren, y aprecien su esfuerzo, creatividad y talento es, cuando nos valoramos a nosotros mismos, cuando le damos valor a aquello que hacemos diariamente. Hacer las cosas con excelencia es, ofrecer el mejor servicio calidad de palabras, tono de voz. Una apariencia agradable. Interesamos en los demás sinceramente. Proyectar una imagen de empatía, tanto verbal como no verbal, así mismo una actitud positiva, en el hogar, como en su trabajo. Aunque los temas de conversación y preguntas varían, su actitud es lo más importante .Una manera de lograr que otros desarrollen su potencial, es brindar confianza, explicar cómo se hacen las cosas, proveer las herramientas necesarias, para que logren la productividad que esperamos,para esto se requiere, ser organizativo, creativo, y tener habilidades de comunicación efectiva.

En el recorrido descubrí que cada persona que nos rodea tiene algo maravilloso que enseñarnos, emociones, carácter, templanza, valentía, actitud, gratitud, comunicación, carisma, inteligencia, creatividad, talento y sabiduría, La manera que podemos aprender es, observar, escuchar, y hacer preguntas. Hacer las preguntas en el momento oportuno, puedo saber ¿por qué dices esto?

Aun para expresar lo que nos disgusta se requiere carácter y tacto, para decir a una estilista o a un barbero cuando está en desacuerdo por el estilo de cabello que le han hecho. Algunos estilistas se les olvida mostrar un libro de modelos para que usted escoja el estilo de cabello, o ellos mismos no saben aconsejarle que estilo le quedaría mejor. Se requiere carácter, confianza en si mismo, para comunicar asertivamente. La comunicación es primordial en todas nuestras relaciones.

CONOZCA SU ACTITUD

La actitud es, lo más valioso de un individuo, es la capacidad que tiene para relacionarse con los demás, para trabajar en equipo, la iniciativa que tenemos para hacer las cosas en nuestra vida diaria, tanto en el hogar, en el trabajo y en la escuela. Esta fomenta el ánimo, y entusiasmo para crear buenos hábitos para desarrollar sus metas, así mismo el éxito en sus relaciones interpersonales Todos experimentamos y observamos diferentes actitudes en diferentes lugares, No obstante, independientemente de las actitudes negativas. una actitud positiva nos ayuda a vencer los obstáculos.

Aprender a conocernos no es únicamente conocer nuestras raíces, educación, y cultura, sino, conocer nuestra actitud y el verdadero valor que tenemos cada uno, y que hacemos cada día para desarrollar nuestro potencial, tanto en el ámbito familiar, laboral, y profesional.

Aquellos que se esfuerzan independientemente de los obstáculos, se preparan, toman clases, asisten a conferencias, se cultivan leyendo, logran alcanzar el éxito. Son organizados, realizan sus proyectos, revisan su agenda diariamente, sus correos, y mantienen una actitud positiva.

Hay quienes han estudiado una carrera sin embargo, solo practican lo referente a su profesión, mas no se han apropiado de sus valores, aunque son inteligentes y creativos, todavía piensan negativamente, practican una actitud negativa.

Lo podemos escuchar y observar en sus gestos faciales, La calidad de sus palabras, el tono de voz, la manera en cómo comunican, con sus actitudes reflejan su actitud.

La empatía es una cualidad que, si se practica diariamente se sentirá bien consigo mismo.

CONOZCA SUS EMOCIONES

Es fundamental que conozca sus emociones, ya que estas le enseñan a conocerse así mismo, su estado de ánimo, la manera de expresarse y cómo se comunica. Las emociones se expresan tanto verbal como no verbal. Estas se componen de alegría, entusiasmo, armonía, confianza, templanza, tristeza, miedo, ira, estrés y falta de perdón.

Encontré en el periódico del New York Times, la historia de Nelly, una señora que expresaba sus emociones. Se había enterado por un familiar que una de sus sobrinas se iba a casar. Nelly se sintió emocionada, pensó que su sobrina le enviará una invitación por correo postal, o que tendría la amabilidad de llamarla por teléfono para invitarla personalmente pero, no fue así. La celebración de la boda se llevó a cabo, después de que ya había pasado la fiesta. Nelly se enteró que las invitaciones se habían hecho por medio de instegram sin embargo ella nunca se enteró.

Hay quienes tienen altas expectativas acerca de otros, esperan que les llamen, que les inviten, que los visiten, que les sonrían, que los saluden.

La iniciativa de tener comunicación con los demás, nos corresponde a cada uno individualmente, esto nos permite estar en conexión con las personas que nos importan.

Pertenecer significa, estar presentes, tomar la iniciativa de llamar por teléfono para saludar a la familia, a los amigos. Y no depender de otros para interesarnos por los demás. Las personas desean estar siempre con aquellos que se interesan por sus intereses, que animan, y motivan, sinceramente.

LA IMPORTANCIA DE
LA COMUNICACIÓN

Creo que, la atención que le damos a cada individuo en su momento es primordial para tener una buena comunicación, escuchar asertivamente, es mirar a las personas a los ojos, respetar sus ideas, y las de los demás, en el ámbito familiar, en el trabajo con los compañeros, en la escuela dentro del salón de clase, y por supuesto con nuestras amistades.

Si desea comunicarse efectivamente, observe y escuche, evite las distracciones, evite poner su mirada en otras cosas mientras conversa con su interlocutor, no se distraiga mirando su celular, evite contestar su teléfono.

Nos comunicamos constantemente, para saludar, para hacer preguntas, para enseñar, para expresar nuestras ideas. Todos deseamos ser escuchados.

USTED ES MARAVILLOSO

Desde el momento de nacer comunicamos ese amor tangible, expresamos esa sonrisa natural. Somos valiosos, íntegros, y honestos. También sucede que después del parto somos evaluados por quienes nos reciben; comentan sobre el cabello, que si tiene ojos de color, que cuantas libras peso, y etc.

La sociedad percibe estos comentarios como normal. Nacemos confiados y seguros, pero, conforme vamos creciendo adoptamos nuestro intelecto, y emociones positivamente, o negativamente, de acuerdo a las palabras que escuchamos y actitudes que observamos. No obstante, independientemente de las experiencias de su pasado. Usted tiene el poder en su interior, inteligencia y talento, para desarrollar todas sus habilidades y ser exitoso. Lo que importa realmente es, lo que usted hace en el presente para crecer en su potencial, no existen las excusas cuando usted desea crecer, para hacer realidad sus sueños.

No debemos culpar a nadie de nuestra educación, de nuestro pasado, de nuestra cultura, tampoco podemos culpar a nuestro país quejándonos como victimas, tampoco los podemos hacer responsables de nuestras decisiones.

Lo conveniente sería conocer nuestros valores, habilidades y talento. Aquello en lo que usted se destaca, podría ser su talento. Arte, comunicación, gastronomía, liderazgo, asertividad, jardinería. Apropiarnos de ese amor tangible que nos hace ser, empáticos y mostrar la mejor versión de si mismo.

La única manera de lograrlo es, amarnos cada dia, trabajar en nuestras debilidades, mejorar la comunicación, aprender como ser organizados, aprender otro idioma, para lograr nuestras metas y lograr así al crecimiento. Pensar en el pasado, únicamente como experiencias de la vida y que, gracias a estas nos esforzamos para realizar nuestros sueños.

Ser feliz y compartir tiempo con personas que le edifiquen. Usted tiene libre albedrío para escoger cómo quiere vivir y cómo quiere ser en su entorno, y con los demás. Cómo desarrollar una actitud positiva, para tener una excelente relación con otros, como aprender a escuchar mejor, cómo lucir una mejor apariencia, darnos cuenta que, podemos ser todo lo maravilloso que podamos ser, porque hemos sido creados con inteligencia y talentos, para desarrollar nuestro potencial al máximo. Los obstáculos son parte de la vida, y que a su vez, estos nos ayudan a formar nuestra identidad, un carácter firme para saber tomar desciciones y elegir lo que nos beneficia.

Sucede que, desde que comenzamos el Kinder hasta la universidad somos evaluados por nuestros proyectos, creatividad, personalidad y actitudes. En la escuela aprendimos, matemáticas, letra y ciencia, pero no una enseñanza sobre habilidades sociales para saber como lidiar con nuestras emociones, y como mantener una actitud positiva para relacionarnos efectivamente. Hay quienes critican constructivamente para que nos esforcemos, por ejemplo padres y maestros, para que hagamos lo mejor en nuestra vida, nos animan de una manera positiva, se interesan en nuestros proyectos, a pesar de nuestros errores.

También existen aquellos que solo observan los errores y critican despectivamente los proyectos de los demás, la manera de vestir, que si habla demasiado, que el tono de voz, que actúa dramática. Vuélvase resiliente a las críticas negativas, a los gestos faciales desagradables, al rechazo. Las personas insatisfechas siempre van a estar criticando por una cosa o por otra, no se frustre, no guarde palabras y actitudes negativas en su corazón, al contrario, debe sonreír y mostrar confianza en si mismo, caminar siempre con la frente en alto. Ser resiliente significa ser fuerte emocionalmente y mentalmente a las críticas, al rechazo, a la decepción. Debe confrontar estas actitudes y emociones con entereza y templanza, amándose así mismo cada día. El amor es poderoso, ya que nos permite actuar de una manera equilibrada, y entender los comportamientos de los demás.

1.- Solución a las críticas, no hay nada mejor, que ignorar. Apropiarnos de ese amor maravilloso que Dios nos ha dado y que nos hace ser valiosos.

2.- Cuando observe gestos faciales desagradables, sencillamente, desvíe su mirada para otro lado, evite mirar lo que le disgusta.

Debe pensar que usted es maravilloso, aun con errores, porque cada dia aprendemos de ellos, Todos estamos en una constante renovación, se imagina si todos fuéramos perfectos que tendriamos que aprender.

¿QUÉ SIGNIFICA EL ÉXITO?

Usted ya es exitoso desde el momento de nacer, nació con inteligencia y talentos para producir. Solo necesita desarrollar su potencial, invertir diariamente en su vida.

Ser exitoso significa, amarse, y valorarse diariamente, ser agradecido, mantener una actitud positiva, si posee estas cualidades podrá realizar todo proyecto que desee en su vida, por ejemplo: Desarrollar alguna profesión y llevarla a cabo. Prepararse como líder, aprender otro idioma, comprar la casa de sus sueños, comenzar su propia compañia. Vencer los obstáculos en el transcurso del camino es interactuar con empatía y tratar bien a aquellos que muestran una actitud negativa. Ser exitoso significa tener carácter para saber elegir las cosas que nos benefician. Quienes se esfuerzan diariamente, son agradecidos se levantan temprano, hacen oración para dar gracias al universo. Invierten tiempo en su persona, se alimentan saludablemente, desayunan revisan su agenda, su correo electrónico, sus mensajes de texto. Y observan lo mejor que les rodea, van a un gimnasio, porque desean verse bien, toman tiempo para relajarse, se cultivan leyendo, invierten su tiempo útilmente. Después de haberse esforzado, realiza que ha valido la pena ser disciplinado.

LA FELICIDAD

Cada uno individualmente busca ser feliz a su manera. Sin embargo, la verdadera felicidad se encuentra en su interior.

El amor es gozo, paz, armonía, felicidad, este sentimiento consiste en sentirse bien consigo mismo. Independientemente de los obstáculos, usted decide ser feliz, desde el momento de levantarse hasta el momento de acostarse, es una decisión propia elegir sentirnos bien. Todo ser humano experimenta momentos difíciles en su vida, sin embargo esto no significa que debemos quedarnos estancados pensando en los problemas. Al contrario. Es importante mantener pensamientos positivos, ya que estos nos ayudan para estar en armonía con aquellos que nos rodean. Nosotros no podemos controlar los pensamientos así como las actitudes de los demás. Sin embargo, cada uno tiene en su interior el poder para ser feliz, todo depende qué actividades realiza, es esencial trabajar diariamente en nuestro arreglo personal, ya que sin duda, esto provoca emociones, positivas.

Por ejemplo: Para mi mamá, y mis tías, su mayor felicidad es disfrutar de la convivencia familiar, y compartir historias agradables, para algunas de mis amigas su mayor felicidad es viajar a diferentes países.

Todas estas cosas son esenciales en la vida del ser humano y que, de alguna manera contribuyen para sentirnos felices.

Realizar actividades diferentes que nos den satisfacción nos permite mantener una alta autoestima, y una actitud positiva.

AUTOESTIMA

Las personas con alta autoestima, se sienten confiadas y seguras de si mismas, se desenvuelven con libertad y no se detienen para ver quien las está observando, hacen preguntas sin miedo a ser criticadas o juzgadas, mantienen una actitud positiva ante las dificultades y los distintos retos que se les presentan. No obstante, independientemente de los obstáculos, mantienen una postura firme, pueden sonreír, saludar, enseñar, y expresarse de una manera positiva. Estas personas se expresan con empatía.

El autoestima es como el buen cimiento y los pilares que sostienen una casa. Un alta autoestima refuerza nuestra estabilidad mental, nos ayuda a tomar buenas decisiones, tanto en el ámbito del hogar como laboral y profesional, así mismo podemos elegir amistades que tengan las mismas similitudes a las nuestras, que haya empatía.

Cada persona provoca en nosotros el deseo de crecer, intelectualmente y profesional, no obstante, aquellos que muestran una actitud negativa, nos dan la pauta para comenzar a desarrollar las habilidades que se requiere, para realizar nuestras metas. Aquellos que nos muestran una actitud positiva nos inspiran para hacer lo mejor en nuestras vidas.

Conforme avanzamos aprendemos de cada persona así como de la teoría y la ciencia.

Le damos prioridad a aquellas personas que nos edifican, y saben escuchar. Los valores se relacionan con la ética de cada individuo al respecto.

Cuando tenemos el deseo de realizar nuestros proyectos. Seguimos en la búsqueda de oportunidades libros de autores reconocidos que nos preparan emocionalmente, e intelectualmente y personas integras y honestas que puedan brindarnos su ayuda profesionalmente.

¿CÓMO SE DESARROLLA EL ÉXITO?

En uno de los libros de John C. Maxwell, relata: Un artista inglés llamado William Wolcott fue a Nueva York en 1924 para registrar sus impresiones sobre esta fascinante ciudad. Una mañana estaba de visita, en la oficina de un antiguo colega, cuando le sobrevino la urgencia de dibujar. Al ver papel sobre el escritorio de su amigo, le preguntó:

¿Podría usar ese papel?

Su amigo le respondió:

No es papel para dibujar. Es papel común y corriente para envolver.

Sin querer perder aquel destello de inspiración, Wolcott tomó el papel para envolver y dijo:

Nada es ordinario si se sabe cómo usarlo.

En aquel papel ordinario Wolcott trazó dos dibujos. Ese mismo año, uno de ellos se vendió por quinientos dólares, y el otro por mil, una suma bastante importante en 1924.

Aquellos bajo la influencia de una persona que faculta, son como el papel en las manos de un artista talentoso. No importa de que estén hechos, pueden convertirse en tesoros.

La habilidad de impulsar y facultad a los demás es, una de las claves para el éxito personal y profesional.

Cuando tenemos la intención de capacitar a otros, para que logren alcanzar los niveles superiores, en su desarrollo personal, y profesional. En términos sencillos facultar es, darles su influencia, con el fin de que crezcan de modo personal y organizativo.

El aprendizaje viene por el oír, cuando nos forjamos la meta de crecer intelectualmente, escuchamos únicamente calidad de palabras que nos edifiquen. Así mismo observamos cómo se desarrollan las personas exitosas.

Tener un modelo de alguien con alta autoestima, carismático, con valores, frente a nosotros, se nos facilita, para, aprender a comunicarnos eficazmente, y desenvolverse con libertad.

Observe lo que hacen algunas compañias

Si usted observa, las compañias mas exitosas son aquellos que se interesan en la gente, si usted se ha dado cuenta, en algunos supermercados de alimentos, tienen una linea de productos de cada cultura y de cada país, India, Germany, Japón, México. Y no solo eso, sino que, preparan al personal debidamente para que brinde un excelente servicio, le saludan amablemente.

Porque lo hacen, porque les importa la gente, porque desean vender sus productos, porque desean ser aceptados, porque desean tener éxito, y que mejor manera, de hacer sentir a las personas importantes.

USTED PUEDE SER EXITOSO

Si elige conscientemente lo que le beneficia y practica diariamente la empatía, la asertividad, y la gratitud, así mismo una actitud positiva, usted sera exitoso.

Usted puede ser todo lo quiera ser. Artista, arquitecto, diseñador gráfico, Secretario de Relaciones Públicas, Chef, electricista, ingeniero, secretaria, Psicóloga etc, tiene el poder y la capacidad para lograrlo, si su deseo está en su corazón, una vez que comienza, desea seguir avanzando. Mientras esto sucede, desarrollamos carácter, y actitud. El vínculo familiar, las amistades, sus companeros de trabajo son como una escuela, a través de la convivencia aprendemos de ellos, el arte de la comunicación, y como desarrollar una actitud positiva.

Todo proyecto requiere disciplina, al inicio no es fácil, sin embargo se logra siendo constante. Desarrollar habilidades nos capacita para ser más responsables, organizados y saber tomar decisiones.

Ir formando poco a poco nuevos hábitos, nos ayudará a crecer para hacer realidad nuestros sueños.

El motivo que nos impulsa a crecer, es porque han surgido ideas que nos motivan, para hacer algo diferente.

Porque creemos que existe algo mejor a lo cual tenemos derecho. Realizar una profesión, desarrollar un talento, comprar una casa y ser felices.

Todos estamos capacitados y dotados con inteligencia para hacer realidad nuestros sueños, solo debemos esforzarnos diariamente.

CARISMA

El carisma es un don especial, con el cual algunos nacen, tienen una capacidad extraordinaria para comunicarse y relacionarse efectivamente con los demas, pero igual, es algo que todos podemos desarrollar. Cada individuo es valioso, porque cada uno es inteligente, cada uno puede darnos una enseñanza, con sus palabras y actitudes. El carisma es como un arte, lo cual debemos invertir tiempo, actuando, como quien practica un instrumento dentro de la orquesta, mostrar empatía, entusiasmo, compartir una sonrisa, practicar una actitud positiva, pese a las dificultades que en algunas ocasiones enfrentamos, es importante actuar positivamente.

Todo en esta vida es inversión. Invertimos desde que nacemos, tiempo con las personas, en cosas materiales, en alimentos, en disciplina, creatividad, educación, en comunicación, arte, y ciencia. Los primeros maestros son nuestros padres, quienes nos enseñan las primeras palabras, los colores, los numeros, asi mismo su actitud. Las personas carismáticas les encanta viajar. Les gusta conocer nuevas personas, con diferentes culturas.

Todos podemos ser lo que, queramos ser, carismáticos, excelentes anfitriones, buenos comunicadores. El secreto consiste en sentirse bien consigo mismo, para hacer sentir bien a los demás. Aunque algunas veces no estamos exentos de obstáculos, no debemos dudar de nuestro potencial. Es importante aprender a desarrollar habilidades para poder relacionarnos efectivamente con los demás en el hogar y en el trabajo.

Aun si el trabajo que desarrollamos pareciera fácil, todavía tenemos que aprender a lidiar con las actitudes de los demás. Una gran ventaja es, cuando practicamos una actitud positiva y les mostramos a otros que no nos importan sus actitudes negativas, mostrándoles respeto.

Así mismo, tenemos que seguir motivándonos para fortalecernos y dar la mejor impresión de nosotros mismos.

Sinceramente a nadie le importa si usted se siente cansado, frustrado, estresado, o decepcionado. Solo a aquellas personas que tienen la capacidad de entender las emociones de los demás.

EXPERIENCIAS DE LA VIDA

En una ocasión tuve una experiencia con la secretaria de una oficina, en una compañía para la cual había aplicado, para un nuevo trabajo. Estaba buscando a la directora de la compañía. Estas son las palabras que dije: Buenos dias hice una aplicacion de trabajo, y adjunto envie mi papeleria de colegio. Por favor puede comunicarme con la Sra. Dorothy, su contestacion fue la siguiente.

Ella está ocupada en este momento, entonces le conteste, voy a esperarla, por supuesto que, yo no conocía a la señora Dorothy mientras esperaba, observé a una señora que, iba saliendo. Cuando ya se había marchado, me dijo la secretaria, la persona que acaba de salir es, la señora Dorothy a quien estas buscando.

Ese día aprendí de la secretaría, su falta de ética profesional. Su egoísmo lo dejó entrever con sus palabras y acciones. Cuando se trata de mejorarnos para crecer, nunca debemos darnos por vencidos.

Espere una respuesta o haga preguntas a alguien más del personal. Al siguiente dia regrese y esta vez me atendió otra persona diferente, con una actitud muy amable, en esta ocasión pude comunicarme con la directora de la compañía.

Estas son enseñanzas de la vida que nos hacen aprender a conocernos, unos a otros, la actitud, y cuanto se requiere practicar la amabilidad y la valentía la amabilidad por parte de los que reciben al cliente y la valentía en nosotros para atrevernos a preguntar.

Aprendemos de las dos maneras, los que actúan despectivamente nos dejan un sin sabor, pero esto nos ayuda a crecer y fortalecernos mental y emocionalmente, para seguir desarrollando inteligencia emocional y seguir confiando y no dudar de nuestra valía.

Literalmente la inversión mas importante en nuestra vida es lo que aprendemos del conocimiento, y de las personas que nos rodean. Cuanto mas nos esforzamos en practicar lo que aprendemos, sera mejor para nuestro desarrollo personal, ya que de esto depende el éxito que obtengamos en nuestros proyectos y relaciones. No solo se requiere tiempo y atención, sino, calidad de palabras, y detalles.

PRACTICAR LA COMUNICACIÓN ASERTIVAMENTE

Como familia es importante saber comunicarnos, esto no significa hablar y hablar, sin dar tiempo a la otra persona para que haga preguntas, saber usar las palabras correctas en cada ocasión que comunicamos, corregir las palabras incorrectas en el momento oportuno que escuchamos como se expresa cada miembro de la familia. Dar pautas a nuestros hijos para que aprendan a comunicarse efectivamente, y cómo pueden desarrollar sus habilidades sociales.

Si le dieran a su hijo un proyecto para hacer en el salón de clase, y con este proyecto un conjunto de palabras en desorden, como cree usted que las acomodaria su hijo por orden. Su nombre debe ir al principio del proyecto.

Responsable	Creativo	1. _____	6. _____
Diligente	Talentoso	2. _____	7. _____
Entusiasta	Amable	3. _____	8. _____
Asertivo	Inteligente	4. _____	9. _____
Líder	Exitoso	5. _____	10. _____

¿QUÉ SIGNIFICA EL AMOR?

El amor es todo en la vida, gozo, armonía, alegría, comprensión. Si no tiene amor, no puede dar lo que no tiene, parte del amor significa escuchar asertivamente, comprender y ayudar a otros, ser agradecidos, porque diariamente tenemos oportunidades maravillosas frente a nosotros, para crecer. Algunos nos regalan detalles, otros nos escuchan sinceramente, otros nos motivan, otros cocinan para nosotros, otros nos reciben amablemente cuando vamos algún centro comercial, o alguna oficina de gobierno.

Muchas de las veces no entendemos el significado del amor hasta que otros nos muestran con palabras, y actitudes este sentimiento.

1 Corintios. Todas vuestras cosas sean hechas con amor.

El amor es, dar y recibir, ideas, comunicación, aceptación, comprensión, empatía, tolerancia, un buenos días, lo que expresamos con pequeños detalles, habla de nosotros, cuando hablamos coherente, recibimos retroalimentación. Cuando escuchamos asertivamente logramos que las personas se sientan bien a nuestro lado, y que es escuchar asertivamente, mirarlos a los ojos al momento de comunicar con ellos, hacerles sentir que nos importa su conversación. Cuando el líder se prepara para dar la mejor motivación en sus conferencias, puede observar a su audiencia motivada, puede escuchar a quienes se acercan a hacerles preguntas. Cuando el maestro se prepara para dar su mejor enseñanza de matemáticas, escucha a sus alumnos cuando ellos tienen dudas, se toma el tiempo para explicarles, sin gestos faciales desagradable, sin comentarios sarcásticos.

Usted puede desarrollar la buena voluntad en los demás de acuerdo a sus acciones, sin gratitud no es fácil apreciar a los demás.

Cuando las personas voluntariamente prestan sus servicios a las comunidades lo hacen porque realmente desean ayudar a otros.

DAR Y RECIBIR TRAE ÉXITO

Hombres y mujeres que verdaderamente se aman invierten tiempo en si mismos, se escuchan mutuamente, mantienen el contacto visual, mantienen la comunicacion. Se cultivan diariamente, se respetan, juntos escogen la decoración de su casa, se alimentan saludablemente, logran hacer que los momentos que pasan juntos sea de calidad, escuchan asertivamente, comprenden, aconsejan, animan, valoran, estas personas maravillosas, son los grandes líderes que dirigen su matrimonio con amor, siempre están imaginando cómo conquistar a la persona que les hace feliz, algunos les preguntan a su pareja ¿qué te gustaría que te regale para tu cumpleaños? Otros no hacen preguntas porque conocen a su pareja, saben de antemano lo que le gusta a el o a ella, su comida favorita, su perfume, su color favorito, el restaurante preferido, la música que le gusta escuchar. Amar significa estar presentes, disfrutar de la convivencia diaria, de los detalles y de los momentos que pasan juntos.

Tengo dos amigos que siempre se expresan maravillosamente de su esposa. Lo muestran con actitudes y acciones, frente a los demás. Les encanta que su esposa vaya al salón de belleza, el verdadero amor no se finge, se puede observar.

En cambio, otros individuos critican a sus parejas su vestuario, su físico, su creatividad, cuando esto sucede es, porque están insatisfechos consigo mismos.

ENSEÑANZAS DE
UNA GRAN LÍDER

En una ocasión necesitaba hablar con la Sra. Isabel acerca de mi proyecto y sabes que me dijo, para mi es muy importante escucharte. Permiteme checar mi agenda que dia tengo libre, y así podemos conversar con calma. Ese dia llego y hablamos, me sincere con ella y le dije: tengo un proyecto que quiero realizar: he escrito un libro, y necesito encontrar un mentor que me ayude. Lo que mas me impacto de la Sra. Isabel fue su actitud, siendo ella una líder con muchas ocupaciones, tuvo la amabilidad de regalarme 20 minutos de su tiempo. Conversamos y me animó con sus palabras. Cuando quieras comunicarte con alguna persona que sea muy solicitada, solo dile, me permite cinco minutos de su tiempo, me gustaría hablar con usted en privado. Es fácil que nos escuchen cuando se trata de algún proyecto. Sin embargo, cuando se trata de nuestras emociones, no todos están capacitados para escucharnos. Cuando las personas ya han alcanzado su crecimiento espiritual, emocional, e intelectual, ya no quieren escuchar palabras negativas.

Cuando hay amor en nuestro interior, podemos comprender, podemos tolerar, podemos escuchar, podemos enseñar. El sentimiento del amor es maravilloso pues, nos enseña que nunca debemos olvidar de donde venimos, comenzamos del kinder hasta la universidad, y lo que sabemos hoy es porque otros tuvieron que enseñarnos para desarrollar nuestro potencial y ser lo que ahora somos. Comprender a otros nos da la capacidad para hacer las cosas con excelencia. De esta manera podremos conectar mejor con los demás. Si logramos entender a otros lograremos que se sientan aceptados, valorados, escuchados y respetados.

LAS PALABRAS SON IMPORTANTES

Las palabras tienen poder cuando las utilizamos para edificarnos personalmente, así como también para edificar a otros. Cuando una persona expresa sus ideas, lo hace porque desea que se le escuche, y no que se le contradiga. Cuando hablamos coherente se nos facilita relacionarnos. Nos expresamos de acuerdo a nuestras emociones y sentimientos, conforme a los patrones de hábitos con los cuales hemos crecido. Hay quienes se comunican para relacionarse, otros para enseñar, y otros para ayudar, cuando deseamos relacionarnos, escuchamos asertivamente.

Algo que me impresionó muchísimo, fue un mensaje que, recibimos todos los padres de los niños de la clase de banda. Acerca del director, vamos a tener un campeonato en Arkansas y se llevará a cabo el sábado, comenzando a las 10.00 a.m. No se aceptan criticas negativas hacia ninguna escuela, banda, raza, o color.

Pueden llevar una camiseta del color de su equipo, de su escuela, para apoyar a su equipo. Muchísimas gracias. Atentamente el Director de la Banda. David.

Con nuestras palabras, y actitudes podemos hacer que, una persona se sienta entusiasmada, aceptada, confiada y segura o viceversa, podría hacer que las personas se sientan frustradas, ansiosas y enfadadas.

DESARROLLAR NUESTRAS FORTALEZAS

Cuando ya hemos leído para edificarnos y renovarnos, creemos que ya hemos aprendido lo suficiente, pensamos que ya somos fuertes emocionalmente y que estamos preparados intelectualmente, para tomar las mejores desciciones en nuestra vida, pero no es así. Cada momento y cada dia aprendemos nuevos retos, al momento de experimentar situaciones difíciles con personas que mantienen una actitud negativa sin embargo, aprendemos a desarrollar inteligencia emocional para entender las actitudes de los demás. Es ahí cuando nos damos cuenta que necesitamos seguir aprendiendo más para desarrollar nuevas fortalezas, para saber como lidiar con personas que mantienen una actitud toxica. Así mismo aprendemos a comunicarnos eficazmente.

Dentro de la sociedad, las fortalezas ocupan un lugar destacado, como parte importante del ser humano, que sin duda es, un carácter firme y accesible, una actitud positiva, saber cuales son nuestras fortalezas de carácter, comprensión hacia los demás, escuchar asertivamente, saber tomar decisiones, saber poner límites.

En algunas ocasiones no estamos de acuerdo con las actitudes negativas de algunos que nos rodean pero, esto no significa que estos individuos deben ser ignorados, al contrario, debemos mostrar una actitud positiva, ya que de esta manera nos retroalimentamos a nosotros mismos. En el trayecto de la transformación es importante entender que cada persona necesita tiempo para crecer. No todos crecemos tan rápido como otros, porque todos tenemos diferente capacidad de inteligencia. Aprender a conocernos nos permite conocer nuestro intelecto, nuestras emociones, nuestros valores, así mismo el talento. Cuando usted va a la escuela de sus hijos. Las personas que le rodean solo le observa físicamente su apariencia y escuchan cómo se comunica. Sin embargo, ellos no pueden ver su talento mas allá de lo que usted le muestra con su apariencia. Se requiere interactuar diariamente con las personas para conocerles, apreciarlas y valorarlas.

La importancia de cultivarnos diariamente nos permite conocernos a nosotros mismos para desarrollar el potencial que está en nuestro interior. Seguir estudiando, prepararse profesionalmente es, la única manera de desarrollar habilidades para lograr el éxito. Puede que usted no necesite estudiar, pues, es inteligente y ha sabido desarrollar su creatividad y emprender su propio negocio. Si es así que bueno, le felicito.

¿POR QUÉ EXISTE
EL RECHAZO?

Quienes rechazan a otros es, porque no toleran ver sus propias debilidades o las de su familia en los demás. O sencillamente, porque observan cosas mejores de las cuales ellos carecen. O viceversa, podría ser una persona que es, muy culta, e inteligente, disciplinada, organizada, con diferentes talentos, y pensar que, todas las personas que le rodean, deberían ser como él o ella.

Todos hemos experimentado el rechazo en algún momento de nuestras vidas de diferentes maneras.

Conozca las actitudes de los individuos que rechazan

Algunos lo hacen con gestos faciales desagradables

Otros lo hacen de una manera verbal y no verbal con actitudes.

¿Cómo confrontar el rechazo?

Debe amarse diariamente y sentirse bella todos los días. Cuando usted se ama, se acepta, se valora, se respeta, independientemente de aquellos que muestran rechazo. Usted puede caminar hacia adelante con la frente en alto y su cuerpo erguido. Aprenda a tomar control de cada situación, valorese frente cada individuo. Literalmente lo que usted piensa acerca de si mismo es más importante que lo que otros puedan pensar sobre usted. El rechazo puede ser rechazado. Cómo? Debe pensar, y actuar como lo que es, como una persona valiosa, inteligente, talentosa. Debe apropiarse de estos pensamientos y practicarlos, actuar con entereza y confianza, sentirse seguro (a) de si misma (0) frente aquellos que le ignoran. O que le intimidan con su mirada. Use la valentía para mirarlos a los ojos, si lo hace, sera un vencedor, así es como se vencen los obstáculos. Debe sentirse y sentarse cómodo al lado de aquellos que le muestran rechazo. Debe poner limites a aquellos que no comprenden sus emociones cuando expresa lo que le disgusta. Como? comunicar claramente al momento de interactuar. Sea usted mismo frente a cada individuo, actuando con seguridad, hablar con convicción cada vez que logre vencer un rechazo sera exitoso. Usted es valioso, debe creerlo.

Ser resilientes al rechazo, significa mostrar confianza en si mismo, para ignorar actitudes negativas. Así mismo gestos faciales desagradables.

Muchas de las veces el problema no está en usted, sino en el interior de aquellos que rechazan.

Sin embargo, es importante hacer una evaluación sobre nuestra personalidad, educación, apariencia, higiene, valores, actitud, carácter para tomar decisiones, disciplina. Es fundamental conocer qué áreas necesitamos desarrollar para crecer y ser la mejor versión de si mismo. Todos tenemos defectos, y no siempre podemos tener la aceptación, la comprensión, o el reconocimiento de los demás. El rechazo es algo con lo cual, tenemos que aprender a lidiar. Sin embargo, cuando nos amamos a nosotros mismos, nos sentimos confiados y seguros, podemos vencer nuestros temores, y actuar con libertad, expresar nuestras ideas libremente sin temor a ser juzgado o criticado, podemos sonreír, podemos vestir en la manera que nos sintamos confortables, actuar con empatía nos permite ser aceptados, si pensamos así, podremos esquivar, las críticas, y el bullying. Nuestra actitud positiva es la que nos ayuda a hacer frente al rechazo.

Estamos en este universo maravilloso, para desarrollar valores, habilidades sociales en la comunicación, para que nuestra conducta sea adecuada, ser asertivos, es mostrar empatía, comprender a otros.

Responsabilízate de ti mismo, no seas codependiente de la aprobación o aceptación de los demás, amate cada día Tu eres único, trabaja en lo que requiere para tu crecimiento personal, cuando adquieres identidad en una manera genuina,desarrollas esa confianza para comunicar asertivamente, y para que se te escuche con respeto.

Los individuos inteligentes no son aquellos que poseen todas las habilidades y cualidades en las que se destacan. La inteligencia es, de aquellos que se esfuerzan diariamente para desarrollar su potencial y que mantienen una actitud positiva, ética para comunicar, y dirigir asertivamente.

Para entender los comportamientos de los demás, la falta de conocimiento y amor propio, observamos que actúan de forma equivocada. La poca paciencia para enseñar, y la falta de ética para escuchar. Es la carencia de valores, el conformismo, el egoísmo, la arrogancia, el orgullo, la envidia, los celos, lo que conlleva a cada individuo a actuar negativamente.

Darnos cuenta quienes somos, cuales son nuestras actitudes, qué queremos lograr, cuales son nuestros proyectos, continuar aprendiendo cada dia, en la búsqueda de hacer cosas mejores, todo se logra a través de la práctica, la empatía, la comunicacion, la atencion Aprenda a valorar a cada persona tal y como es, cada una tiene algo maravilloso que enseñarnos, inteligencia, creatividad, amabilidad, empatía, sencillez.

NO CRITIQUE NO SE QUEJE, NO JUZGUE

Como seres humanos todos observamos cosas que nos disgustan o actitudes con las cuales no estamos de acuerdo, aunque así sea, evite quejarse en voz alta, evite los gestos faciales desagradables frente a los demás, o podria verse y escucharse como víctima, o como toxico.

Uno de los aspectos más frustrantes y difíciles para algunas personas es, no poder entender las actitudes de los demás. Para algunos es muy atractivo enfocarse en los errores, en los comportamientos de baja autoestima de otros, en su apariencia. Así mismo tienden a criticar, señalar, y, juzgar el pasado de los demás, sin entender que todos somos imperfectos. Si nos enfocaremos en las cualidades y capacidades que tiene cada individuo, haríamos un mundo mejor. Este universo es maravilloso, exprese a otros empatía, reconocimiento, valoración, y por supuesto compresión, siéntase feliz de ser usted. No digo con arrogancia y orgullo, sino como una persona que se ama y se valora, y que trata a los demás como a usted le gustaría que le traten, con empatía y una actitud positiva.

Cuando juzgamos o criticamos a otras personas, por sus errores, por su apariencia, o por su pasado. Sinceramente no estamos diciendo nada acerca de la otra persona. Honestamente, estamos hablando de nuestra actitud, de nuestra educación. Criticar y juzgar no resuelve nada, solo ocasiona coraje, en los demás e insatisfacción hacia usted mismo.

COMO PRACTICAR
LOS LIMITES

Para algunos es difícil establecer límites, ya que piensan que si lo hacen, se verán como egoístas si no acceden a hacer algún favor. Algunos experimentan de otros apodos, y bromas desagradables como bullying. Es importante conocer nuestros valores, para establecer los límites, como dice Eleanor Roosevelt, nadie absolutamente nadie, tiene derecho a hacerle sentir inferior sin su consentimiento. Aprenda a vencer sus temores y actue. Escuche y observe como otros actúan, al momento de poner límites. Siempre aprendemos de los demás.

Algo que le ayuda a practicar los límites es, cuando usted está aprendiendo a ser independientemente emocionalmente,sabe que no debe llamar a las personas para expresar sus emociones, o contar sus problemas personales porque no todas tienen ese don para entender los sentimientos de los demás. Cuando usted aprende a controlar sus emociones automáticamente esta practicando los límites hacia si mismo y hacia los demás, de esta manera sera respetado. Como se pueden establecer los límites?. Sencillamente si experimenta que alguien le grita, Asertivamente debe comunicar al momento, y no dejar que pase otra segunda ocasión. Quieres saber algo me enfada cuando gritas

LA COMUNICACIÓN

La comunicación verbal es, sin duda, la más importante, ya que podemos mirar a nuestro interlocutor a los ojos, podemos observar sus gestos faciales, y percibir si nos esta brindando su atención en el momento que hablamos. Es ahí donde observamos la honestidad y la transparencia de las personas con las que interactuamos diariamente. Podemos darnos cuenta de, si la persona con la cual nos comunicamos, tiene la capacidad para escuchar asertivamente. La comunicación es un arte. Así mismo saber escuchar, para que haya entendimiento dentro de la comunicacion, es fundamental preguntar a la otra persona si puede escucharnos, debemos pedirle permiso. Algunas veces comunicamos nuestros sentimientos o historias que posiblemente la otra persona no esta capacitada emocionalmente o profesionalmente para escuchar. Es por esta razón que algunos se niegan a escucharle. Sin embargo, aunque algunos tienen conocimiento y son profesionales, no desean escuchar problemas ajenos, o historias desagradables, sencillamente porque no saben como hacerlo.

Cuando el dueño de la compañía Starbucks pensó en construir una cafetería, lo hizo pensando en los demás. Porque le pareció que era importante, crear un lugar donde las personas pudieran intercambiar ideas, conversar y que mejor en un lugar dinámico y acogedor, con mesas y sillas confortables para sentarse y compartir ideas, y así mismo, disfrutar de un delicioso café, mientras las personas conversan y se escuchan mutuamente, podemos observar que hablan de temas agradables, puesto que el ambiente invita para hacerlo. Esta es una de las cafeterías donde más parejas de jóvenes se reúnen en todo el mundo.

LA COMUNICACIÓN
NO VERBAL

La comunicación no verbal se refiere a la forma que tenemos de expresarnos y comunicarnos con los demás a través del cuerpo, gestos faciales y apariencia, su manera de saludar, su manera de sentarse, y cómo usa su espacio personal. El lenguaje corporal comunica de alguna manera el autoestima y la confianza que tiene cada individuo, así mismo sus emociones, y estado de ánimo. Aunque haya pasado un momento difícil en su trabajo, o en alguna relación, pese a los obstáculos, es importante mostrar una actitud positiva, una postura firme, una sonrisa, un saludo cordial, y por supuesto, una apariencia agradable. No por lo que piensen los demás acerca de nosotros sino, para sentirnos bien con nosotros mismos.

Todos en algún momento de nuestra vida, hemos tenido experiencias las cuales, algunos nos han decepcionado, nos hemos sentido tristes, enfadados, frustrados, irritados, desanimados. Aunque sucedan contratiempos y obstáculos, es importante aprender a controlar nuestras emociones. Las personas que han logrado el éxito es, porque han aprendido a educar sus emociones, así mismo sus gestos faciales.

CADA LÍDER NOS DA UNA ENSEÑANZA

Cuando por ejemplo: le den ordenes de trabajar en una máquina que, nunca ha usado, pida a la persona que le dio esas órdenes, que le muestre cómo se usa y que practique frente a usted. En algunos casos, los líderes nos dan órdenes sin preguntar si tenemos el conocimiento con respecto a aparatos electrónicos, o maquinaria muy avanzada. Todos los trabajos tienen diferentes reglas, diferentes líderes, diferentes disciplinas.

Es importante hacer preguntas para informarnos y no solamente contestar "Si" a todo lo que, nos ordenan.

Claro, debemos obedecer a nuestros jefes inmediatos, porque esto es la ley de la vida.

Sin embargo, existen maneras para dar órdenes, y esto significa, explicar lo que se debe hacer y cómo se puede practicar.

Mostrar un carácter firme, porque somos seres humanos que podemos pensar, hablar, comunicar y actuar. El trato que recibimos dependerá de cómo nos desenvolvemos en el área para la cual se nos asigna.

Al realizar su trabajo, haga preguntas y nunca se quede con dudas, porque de esta manera demostrará que es usted capaz de hacer el trabajo para la cual ha sido asignado. Usted es inteligente y desea aprender, solo necesita mostrar firmeza al momento de preguntar esto será primordial, tanto para su jefe, como para usted, hablar con convicción es una manera de mostrar sus valores. Confianza en si mismo.

Si vemos las dificultades, como enseñanza entonces podremos lograr el propósito que nos hemos propuesto a realizar, nadie logra alcanzar el éxito sin obstáculos, esto es la ley de la vida.

Los retos que vencemos, nos permiten desarrollar fe, y valentía. El amor y la fe son valores que se van desarrollando, así como la confianza, a través de las experiencias, hasta que logramos desarrollar un carácter firme.

Los valores

Los valores nos dan poder como individuos, son: cualidades y virtudes que se destacan en cada persona, la honestidad, la integridad, la tolerancia, la paciencia, la compasión, el amor, la gratitud, la fe, estos nos permiten desarrollar una excelente relación con los demás.

Así mismo nos impulsan, para actuar de una manera positiva, ya que forman parte de nuestras creencias. También nos permiten desarrollar un carácter firme, para tomar decisiones correctas, para enfrentar los retos con entereza. Los valores sin duda, es algo que nos da confianza y seguridad a nosotros mismos.

Conocer nuestros valores es saber quienes somos, darnos cuenta el valor maravilloso que tenemos cada uno como seres humanos.

Estos nos ayudan a no ser coodependientes de la aprobación de los demás.

VENCE LOS OBSTÁCULOS
CON SABIDURÍA

Vencer los obstáculos se dice fácil, sin embargo el carácter es fundamental para actuar con sabiduría, cada vez que se presenta situaciones difíciles. Es primordial mantener control sobre nuestras emociones, actitudes y palabras. Hay circunstancias que podemos experimentar en el hogar, o en el trabajo, cuando otros tratan de hacernos responsables de sus desciciones, si no estamos preparados intelectualmente, y emocionalmente podríamos actuar impulsivamente, colericamente, o pasivamente si no sabemos que contestar. Un ejemplo: La Sra. Nordic y Nancy tenía a su cargo 5 personas a las cuales les mostraban un edificio, mientras caminaban en direccion a este, uno de los visitantes tomo una salida incorrecta, esto acontecio mientras la Sra. Nordic mandaba textos en su celular, después de lo sucedido, la Sra. Nordic, le hecho la culpa a Nancy sobre el extravió de esta persona. Nancy expresa: no solo hizo el error de mandar textos mientras interactuaba con las personas que tenia a su cargo, sino que comenzó a gritarme en público tratando de hacerme responsable de su irresponsabilidad.

Podemos evaluar nuestro carácter de acuerdo como actuamos en cada circunstancia, tomando control de nuestras emociones, actuando con calma. Si alguien desea hablar con nosotros sobre algún incidente, es importante que lo hagamos en privado. Si claro en la oficina. Si lo hace en publico es mejor abstenerse de contestar a quien grita, para evitar problemas. Así es como se desarrolla el dominio propio, mantener la calma sin exaltarse, hablar con las palabras correctas, en el momento oportuno, con sabiduría, de esta manera las personas entenderán sus propias actitudes. Las virtudes y habilidades se desarrollan a través de las experiencias diarias. En nuestro diario vivir, encontramos personas con diferentes actitudes, con las cuales tenemos que interactuar diariamente, aunque estos individuos son inteligentes todavía tenemos que desarrollar habilidades y el carácter para saber como lidiar con estas personas. Si tiene que hablar con estos individuos hágalo, mirelos a los ojos mientras conversa o hace preguntas. Si tiene que ignorar los comentarios sarcásticos hágalo. Mostrando confianza en si mismo. Si tiene que luchar por sus derechos en su trabajo hágalo. Si logramos conocer las actitudes de los demás. Estaremos preparados para saber como actuar Y así lograremos vencer los obstáculos. Sabe usted que lo mas valioso del carácter de un individuo es la humildad que muestra al tratar con respeto a aquellos que mantienen una actitud negativa. Cuando usted sabe el valor que tiene como persona, muestra la mejor versión de si mismo.

ÉTICA DE UN LÍDER

Los buenos líderes protegen las compañías, y su personal. Existen características en un jefe como sus valores, la integridad y honestidad, la disciplina que practica con su ejemplo, así como, distribuir el trabajo equitativamente, sin embargo, cuando se presenta la oportunidad de observar o hablar sobre los errores de algunos empleados. El jefe se pone al nivel de los trabajadores, haciendo críticas despectivas sobre los errores de sus empleados. Esto es algo que les quita credibilidad y respeto. Es estresante tener que lidiar y convivir con personas que, presentan estas actitudes.

Hay algo que los líderes ignoran que, siempre son observados por sus seguidores, a algunos les importa dar lo mejor de si mismos, tanto a sus subordinados como al resto del personal, en cambio. Existen otros que solo piensan en si mismos, se abastecen a si mismos, con conocimiento, cosas materiales, pero evitan compartir.

Ni siquiera se toman la molestia de ofrecer a otros una silla donde se sienten, o un lugar especifico donde pueda guardar su bolso personal.

Quién se estresa así mismo, observando los errores de los demás, estresa a quienes le rodean con sus criticas. Posiblemente, las personas que trabajan dentro de su compañía, están ahí por una razón, para que usted aprenda, a desarrollarse como líder y para esto. Necesita paciencia para enseñar, tolerancia para aceptar, amor para comprender, empatía para dialogar, ética para saber escuchar y respetar, sabiduría para dirigir, inteligencia para comunicar. Los grandes líderes que dirigen grandes compañías entienden estas cualidades.

HABLA CON TUS JEFES PARA SUGERIR UN CAMBIO

Las conferencias son importantes para mejorar las actitudes de los trabajadores y para enseñar cómo pueden desarrollar su potencial al máximo, para que puedan producir una excelente calidad de trabajo. Cuando las compañías se interesan en la calidad de sus servicios. Les importa cuidar su personal, así como las instalaciones del edificio. Sin embargo, en algunas ocasiones nos encontramos con algunos de nuestros líderes, y son estos mismos los que hacen críticas, sobre nuestro trabajo, y apariencia, si mostramos iniciativa, critican, si nos esforzamos no valoran, algunos sólo desean obsesivamente, señalar con su dedo, aunque las personas se esfuerzan para dar lo mejor de si mismos.

Ellos insisten en expresar sus propias emociones, negativamente, con otros lideres, con compañeros de trabajo, con voluntarios, con clientes, porque es un habito en ellos, quejarse, criticar, y desvalorizar a sus empleados.

La personalidad de una persona con alta autoestima, cree en si misma (o) se forma altas expectativas acerca de sus metas y de los demás, motiva a otros con su actitud y ejemplo.

MIRARSE FRENTE AL ESPEJO, CON AMOR

Debe mirarse frente al espejo con amor, porque usted es valioso, aún cuando se levanta por las mañanas con los cabellos desordenados, usted sabe que después de un buen baño se sentirá renovado y con energía, ese amor dentro usted, es lo que le permite sentirse confiado y seguro. Este sentimiento le da la confianza para comenzar el día con ánimo y entusiasmo para realizar sus metas. En algunas ocasiones le damos poca importancia a nuestra imagen, o arreglo personal por el trabajo que desempeñamos, ya sea por el uniforme que específicamente usa para realizar ese trabajo o la clase de ropa que usa diariamente. Debe amarse y valorarse porque usted es valioso, cada actividad que usted realiza diariamente dentro de su trabajo es importante, porque es una contribución para los demás.

Esforzarnos diariamente para dar lo mejor, lo que usted haga personalmente por su persona hará la diferencia, se sentirá bien y proyectará la mejor versión de si mismo. Cada uno individualmente representamos nuestro país, nuestras raíces, nuestra cultura, amarnos a nosotros mismos es, amar a quienes nos rodean, dar un trato justo.

Mirarnos frente al espejo es, mirarnos con aceptación, conocer nuestras fortalezas y debilidades, trabajar en ellas para diariamente crecer.

Independientemente de como lo miren los demás. Usted es valioso. Muestre ese amor, salude sinceramente a quienes le rodean.

Como dice John C Maxwell en uno de sus libros, y algo muy cierto. Toda la vida tenemos que negociar con nuestra actitud, para tener éxito, tenemos que negociar con nosotros mismos cada día, para animarnos, y motivarnos, para mantener una actitud positiva. Independientemente de los obstáculos, debemos mostrar fortaleza, y empatía, gratitud, saludar a quienes nos rodean, usar las palabras correctas, y los colores mas hermosos que nos hagan sentir bien.

Usted sabe que, cuando hay reuniones en la familia, sin duda, habrá fotografías, los colores sólidos, cálidos y llamativos le harán verse hermosa, sentirse amado y confiado le permitirá salir excelente en las fotografías.

OPORTUNIDAD PARA DAR UNA BUENA IMPRESIÓN

Siempre se ha dicho que la primera impresión es la que cuenta. En la primera entrevista para un trabajo, se requiere que usted conteste todas las preguntas asertivamente, pero sobre todo, necesita llevar un vestuario adecuado e impecable, todos tenemos oportunidades para dar la mejor impresión con las personas con las cuales interactuamos diariamente, dentro del hogar, con nuestras amistades, con los companeros de trabajo.

Porque tenemos que esperar para ir a una entrevista de trabajo, a una reunión familiar o reunión con nuestras amistades para estar presentables con una apariencia agradable, no sería mejor practicar nuestra mejor versión diariamente, poner especial atención en nuestro arreglo personal, como si fueramos a una entrevista, no precisamente, con un traje sastre, pero si con una ropa que nos haga sentir bien, para lucir bellas.

Si alguna vez olvidó vestirse de acuerdo a la ocasión, no se preocupe, los eventos especiales, se repiten constantemente, todavía, puede escoger el mejor vestido, para dar la mejor impresión.

Si tiene el hábito de interrumpir, mientras el interlocutor habla, no se sienta mal, todavía, puede mejorar, y practicar esta habilidad, aprendiendo a escuchar con calma. Cada dia aprendemos, estamos en una constante renovación, emocional, intelectual espiritual y técnicamente.

A algunas personas les resulta difícil cambiar y por esta razón es que se mantienen estancadas, haciendo cosas que no les edifican, y que no les satisfacen. Todos tenemos oportunidades para ser lo que queramos ser.

Amarnos y valorarnos es maravilloso, si lo hace, hará la diferencia, en su vida y la de los demás. Comenzará a realizar sus metas.

Amese a sí mismo

Amarse asi mismo significa aceptar su estatura, su color de ojos, el tamaño de sus manos, su color de su cabello, si usted cree que debe mejorar algo de su físico, puede hacerlo siempre y cuando sea para su beneficio y satisfaccion personal y que no vaya en contra de las leyes de Dios.

Algunas veces no nos damos cuenta que ponemos nuestras expectativas en los demás, esperando que otros suplan, lo que nosotros deberíamos hacer por nosotros mismos. Amarnos, aceptarnos, valorarnos, gustarnos a nosotros mismos, decirnos palabras hermosas diariamente. Lo que usted se dice así mismo, lo expresa con los demás con su actitud, con empatía, con su apariencia, muestra esa confianza en si mismo. Es importante aprender a callar los pensamientos negativos con pensamientos positivos. Independientemente de sus debilidades, aspecto físico, y estatus social, usted es valioso, inteligente, creativo, maravilloso, debe creerlo. Rechace los pensamientos negativos y apropíese de los pensamientos positivos. Soy inteligente, soy valioso, tengo cualidades que me hacen ser una persona maravillosa, tengo un talento que puedo desarrollar y ser exitoso.

El amor es poderoso, amarnos a nosotros mismos genera pensamientos positivos, este sentimiento nos permite desarrollar ideas de creatividad para comenzar nuevos proyectos, y actividades. Hemos sabido que todos necesitamos sentirnos amados, y valorados, sin embargo es mejor amar y valorar a quienes nos rodean, motivando a otros con nuestro ejemplo, con nuestras palabras. Usted va a escuchar muchas opiniones de los demás sobre su persona, sobre su apariencia, sobre su talento, sobre su proyecto sin embargo, la opinión más importante que debe escuchar es la suya propia, esa voz que le habla sinceramente desde su interior, que le hace recapacitar sobre sus dudas y le dice, que cosas están bien y que cosas debe mejorar.

Carolina Herrera, la diseñadora de moda, conocida en todo el mundo. Famosa por sus hermosos diseños. Ella siempre expresa: Las mejores joyas que una mujer puede lucir son sus valores. El amor, una sonrisa, un saludo, una actitud positiva, y sin faltar un buenos días.

Independientemente de cuales sean las actitudes de los demás, practique una actitud positiva.

Soy valiosa (o)	Merezco ser amada (o)
Soy inteligente	Merezco oportunidades
Soy talentoso (a)	Merezco ser valorado
Soy honesto e íntegro (a)	Merezco ser respetado (a)
Tengo ideas maravillosas	Merezco ser exitosa (o)

Le agregamos valor a nuestra persona, cuando usamos las palabras correctas y hablamos coherente, de una manera positiva. Esto nos beneficia, en todas las áreas de nuestra vida, tanto físicamente, y emocionalmente.

Una profesionista recién graduada de la Universidad Texas A&M. En su primer trabajo, experimento situaciones desagradables, con algunos compañeros. Después de algún tiempo, encontró trabajo en otra compañía.

En una ocasión le hicieron algunas preguntas, sobre su anterior trabajo y su respuesta fue esta. Lo que tengo que decir es que, afortunadamente me enseñaron mucho.

¿De dónde nacen las emociones heridas? De las circunstancias de la vida. Hay quienes han experimentado críticas despectivas, palabras negativas, tales como "no sabes nada, eres inútil", esa ropa no se te mira bien, así como también el rechazo. Por esta causa, es importante que aprendamos a conocernos y valorarnos frente a cada

individuo, mostrar nuestras habilidades, practicar la confianza en si mismo. Solo así las personas nos valoraran.

¿Cómo vencer los obstáculos?

Una tarde mientras atendiamos a los clientes, dice Jolie, escuchaba a uno de mis jefes hacer comentarios a mi jefa,me comparaba con una de las clientes. En ese momento controle mis emociones porque había personas en nuestro entorno. Sin embargo, me hubiera gustado decirle, si aprendieras a apreciar mi trabajo dejarias de despotricar, si aprendieras a valorarte como líder aprenderias ética profesional. En ese momento pensé, que necesitan suplir mi jefe y mi jefa, tienen una familia,una profesión, un estatus socioeconómico estable, un puesto como líder, son inteligentes, porque despotricar de cada persona que les rodea. El carácter, una alta autoestima y una actitud positiva son claves fundamentales para mantener la calma y vencer los obstáculos cuando se trata de lidiar con gente dificil.

No dudo que en algún momento de su vida algunos de ustedes han dicho, ya no puedo más. Sin embargo, hay una voz en su interior que le dice, sigue adelante, continúa trabajando en tu proyecto. Mantén una actitud positiva, practica la empatía y la valentía, solo así podrás vencer los obstáculos. En la biblia dice: Mira que te mando que te esfuerces y seas valiente; no temas ni desmayes, porque Jehová tu Dios estará contigo en dondequiera que vayas.

UN COMPAÑERO DE TRABAJO TÓXICO

Estos individuos suelen ser inteligentes, saben trabajar, sin embargo, son tóxicos, critican negativamente, se expresan sarcásticamente. Debe mantener una alta autoestima y un carácter firme para saber lidiar con estos individuos. Cuanto mas usted se esfuerza, ellos critican su creatividad, y su trabajo, se quejan constantemente, y son ellos mismos quienes provocan los errores, lo hacen para infundirle miedos, y confusión de esta manera piensan que tendrán poder sobre usted.

Es fundamental conocer nuestros valores, y darnos cuenta que somos inteligentes, no le dé crédito al miedo, use este sentimiento solo para ser más fuerte e inteligente, confronte sus miedos con valentía.

Si tiene que trabajar con estos individuos, hable unicamente lo referente al trabajo, evítelos lo mas que pueda, algunos de estos individuos son apoyados por sus jefes.

Algo que enfada a un individuo tóxico es, que se le ignore cada vez que critica, y se mofa, cada vez que hace gestos faciales desagradables, ellos quieren que usted se confunda y crea sus palabras negativas. El silencio frente a estos individuos es valioso, nos da poder para ignorarlos.

APRENDA A CONOCER
SUS EMOCIONES

Las emociones son parte de nuestra vida, ya que estas nos permiten aprender a conocernos a nosotros mismos. Identificarlas nos ayuda, para tener control de las mismas, las personas y las situaciones son importantes porque de ellas aprendemos, algo que llamamos inteligencia emocional. Aprenda a conocer sus reacciones a distintas situaciones, y como actúa en cada circunstancia, como reacciona cuando alguien le critica, por sus proyectos o su apariencia, o cuando le hacen preguntas imprudentes, o como reacciona al rechazo. Si sus emociones están saludables estara preparado para actuar de una manera tranquila a situaciones inesperadas. No obstante, si sus emociones están heridas sus reacciones serán negativas, de queja, critica, desánimo, rechazo.

Las emociones positivas son:

Alegría	Ánimo
Entusiasmo	Amor
Tolerancia	Comprensión

Las emociones negativas son:

Desánimo	Tristeza
Ira	Miedo
Asco	Crítica
Egoísmo	Celos
Envidia	

Si aprendemos a reconocerlas podremos tomar autocontrol de estas, y no permitir que sean estas, las que nos controlen a nosotros.

Hay quienes gritan cuando se sienten enfadados, o frustrados. Hay quienes muestran tristeza cuando se sienten desanimados, cuando sienten que no tienen la comprencion de los demás. Hay quienes hacen gestos desagradables cuando están en desacuerdo. Hay quienes actúan impulsivamente cuando sienten miedos, sin embargo, una vez que los identifican aprenden a trabajar en ellos y logran vencerlos. Hay quienes actúan de forma dramática inconscientemente, y no se dan cuenta de esto hasta que aprenden a conocerse. Hay quienes juzgan a estas personas, sin saber que estos individuos podrían tener, bajo nivel de atención.

Es importante aprender a identificar las emociones, y al mismo educarlas, para estar fuertes emocionalmente. Y poder entender a los demás, ayudarles, y brindarles la confianza, la oportunidad para que aprendan a crecer. En el transcurso del crecimiento es importante que aprendamos a desarrollar el poder que esta dentro de nosotros, amarnos diariamente, para sentir la confianza en si mismo, y proyectar esa confianza frente a los demás. Independientemente de las palabras, y actitudes de otros o de como piensan aquellos que nos rodean, nunca dude de su valía.

No se apropie de los pensamientos, palabras y actitudes negativas de otros. Hay quienes tienen el hábito de criticar, chismear, meter cizaña, hacer bullyn. No permita que otros le hagan sentir miedo,inseguridad, enfado, ansiedad o estrés. Apropiese del amor, el gozo, y la valentía. Aprenda a conocer la actitud de cada individuo. Desarrolle sus habilidades para vencer sus temores, así mismo aprenda a poner límites, cuando debe ignorar palabras tóxicas, y estar alerta para no escuchar conversaciones negativas.

La vida es maravillosa, siempre nos pone personas con actitudes positivas que nos motivan con sus palabras y ejemplos y otras con actitudes negativas para fortalecer nuestro carácter y aprender cómo interactuar frente a estos individuos y ser la mejor versión de nosotros mismos.

CAMINE AL RITMO DEL AMOR

Camine confiado, con la frente en alto. Olvídese de sus preocupaciones, no se enfoque en la actitud negativa de quienes le rodean, mire hacia adelante, ignore gestos desagradable, críticas negativas, comentarios sarcásticos. Recuerde que en el transcurso del camino, nos encontramos con distintas personas, diversas culturas diferentes actitudes. Sin embargo la actitud más importante debe ser la suya, sentirse bien consigo mismo, le da poder y confianza para ignorar palabras o actitudes negativa.

De usted depende que lo vean con aceptación. No importa cómo son las actitudes de los demás, aun cuando no sienta el deseo de saludar, hágalo y muestre una sonrisa, esta actitud positiva le dará poder frente a aquellos que le critican, o que le rechazan. Cuando usted se ama, no necesita ser codependiente de la atención de los demás para ser feliz o para sentirse confiado, usted es valioso por lo tanto debe mostrar esa valía, debe actuar conforme a lo que piensa de si mismo. Usted es responsable de cómo quiere que lo reciban de como quiere que lo traten. Usted es valioso, pero ese valor, primero se lo debe dar usted mismo.

Si usted va a un supermercado ahí será bienvenido, porque ellos necesitan clientes a quien vender su producto. Si va usted a un salón de belleza, las estilistas necesitan clientes a quien embellecer con un arreglo de cabello, visualizarse como quiere verse, confiado, y aceptado. Pida a su estilista que le muestre un libro de estilos de cabello, así como también un libro de muestras de colores de tintes, de esta manera ella o el entenderá que usted sabe lo que quiere, de esta manera le respetarán y actuarán de acuerdo a lo que usted sugiere.

Cuando usted va a su trabajo a prestar sus servicios, significa que merece ser valorado y respetado, puesto que, usted es inteligente, maravilloso, creativo, y exitoso. Si piensa de esta manera proyectara sus pensamientos y así podrá vencer los obstáculos.

LA MOTIVACIÓN ES FUNDAMENTAL

La motivación es, un conjunto de pensamientos positivos que tenemos en mente. Ideas, y metas que deseamos realizar. Motivarnos no es simplemente leer un buen libro diariamente o escuchar audios que nos hagan reflexionar de manara temporal. Lo fundamental de la motivación es la continuidad y el deseo de seguir aprendiendo cada dia, apropiarnos de las palabras y pensamientos positivos, practicar la teoría y las enseñanzas que recibimos de otros. Practicar la mejor versión de nosotros mismos. Y en la visión que tenemos, acerca de nuestras metas, observar lo mejor, escuchar lo mejor, pensando positivamente. Trabajar en nuestra personalidad, en nuestra apariencia tendrá un gran efecto positivo de sentirnos bien con nosotros mismos, trabajar en las habilidades técnicas que necesitamos para desarrollar nuestros potencial, ya que de esta manera tendremos mejores oportunidades.

Trabajar en la disciplina, mantener el habito de levantamos temprano, con energía y entusiasmo, creando, planeando cómo comenzar y desarrollar, cada proyecto.

Tener inteligencia y creatividad no es suficiente, se requiere estar actualizados en tecnología, se necesita trabajar cada dia, prepararnos, escuchar audios, leer libros, conocer personas exitosas interactuar con ellos, de alguna manera nos motiva escucharlos, porque nos hablan sobre sus experiencias que han tenido que pasar en su vida. Y como han hecho, para vencer los obstáculos.

Toda persona desea realizarse como profesionista, emprender su propio negocio, o desarrollar algún talento. Sin embargo, algunos no saben como comenzar.

Algunos escuchan consejos, los retienen y desarrollan su potencial al máximo.

Algunos otros desean lo mejor, cuando reciben el consejo, el amor, los detalles, los rechazan.

Hombres y mujeres que han llegado hasta donde están es, porque un dia decidieron tomar la iniciativa, de atreverse, comenzar una profesión, decidieron comenzar su negocio, decidieron tomar clases para mejorar sus vidas. Decidieron buscar el trabajo de sus sueños. Pese a los obstáculos decidieron crecer y hacer la diferencia.

Para lograr la motivación diaria, se requiere, amor, gratitud, empatía disciplina, esfuerzo, carisma, actitud positiva. El poder esta dentro de usted, solo necesita practicar cada dia.

NO SE COMPARE CON NADIE

No se compare con nadie, pensando que los demás y lo que hacen, son mejor que lo que usted hace. Usted es único, maravilloso, valioso, porque tiene cualidades y virtudes al igual que los demás.

Las personas que hacen las cosas con excelencia en su persona, en el hogar, en el trabajo, es porque tienen metas y sueños, se disciplinan, planean diariamente sus actividades, escriben una lista de las cosas que desean llevar a cabo, se levantan temprano, son agradecidos. hacen ejercicio, piensan positivamente, leen diariamente, tienen muchas ideas, se organizan, mantienen una actitud positiva, pese a los obstáculos.

Parte de sus metas podria ser:

Aprender:

Otro idioma

Como ser organizado

Comenzar una profesión

Desarrollar el arte de la comunicación

Practicar la asertividad

Así mismo una actitud positiva

Todo lo que las personas exitosas han logrado es, porque han tenido confianza y seguridad en Dios, porque han tenido fe, y porque se han aferrado a sus metas, han tenido una visión, y han creído en si mismo

FE: Es, pues, la fe la certeza de lo que se espera, la convicción de lo que no se ve. Hebreos 11:1

No existen las comparaciones. ¿Sabes por qué? Porque tú eres único, no hay otras personas que, se parezcan a usted. Aunque use el mismo estilo de ropa, aunque tenga el mismo estilo de cabello, el mismo talento, la misma profesión, o desarrolle el mismo trabajo. Ni siquiera con una sonrisa, se puede parecer a usted, porque la risa es algo natural y hermoso de cada ser humano.

Lo que hace la diferencia de usted hacia los demás es su actitud.

Todo lo que otros han logrado, no ha sido por si solos. Tuvieron que aprender de los demás, como usted y yo.

Todos tenemos capacidad, y habilidades para desarrollar y producir lo mejor. Solo que son pocos los que pueden observar estas cosas. No todos saben apreciar la habilidad de cada persona. Muchas de las veces el mismo individuo no se percata de sus cualidades y capacidades.

Haga una lista de las cosas que realiza diariamente, dentro de su hogar, y en su trabajo, o su profesión y se dará cuenta del valor maravilloso que tiene como ser humano.

LA IMPRUDENCIA

Nunca cuestione a alguien por su semblante, por su actitud, o por sus errores. Muchas de las veces las mismas personas desconocen sus emociones, así mismo sus actitudes.

En una ocasión cuando fui a un restaurante, mientras esperaba que la hostess me llevara a la mesa. Se encontraba un grupo de jóvenes, posiblemente, eran amigos, conversaban, y reían, excepto uno que, no hablaba. Cuando de repente, otro de los jóvenes le preguntó. Estás enfadado? El joven sin contestar solo le miro, y se dio la vuelta, ignorando al que le había cuestionado.

El simple hecho de cuestionar a la persona para preguntarle, si está aburrida, o si está enfadado, o porque no come. Esto es algo que a cualquiera le puede incomodar, especialmente si le cuestionan frente a los demás. Literalmente podríamos preguntar ,puedo ayudarte, te sientes bien. En lugar de juzgar, o criticar, a otros. Debemos ponernos en los zapatos de los demás.

Lo que le disgusta a los demás

Que alguien le interrumpa cuando conversa con su interlocutor.

Qué timbre su teléfono cuando está en una sala de cine.

Que otra persona lea sus notas personales sin su consentimiento.

Que las personas hablen mientras el conferencista expone su tema.

Que las personas se levanten de su asiento en medio de la conferencia.

Algo que enfada a otros es, que dos personas se aconsejen al oido frente ellos. Sin haber ningun ruido estridente,

Que se victimise, que se queje, y que critique.

Que haga preguntas imprudentes

Que se le contradiga en sus sentimientos, o ideas.

Que se le juzgue o se le critique por llevar un atuendo inapropiado a una reunión.

Que alguien le arme un escándalo frente a otras personas.

DAR UNA BUENA IMPRESIÓN

Todos los días tenemos oportunidad para dar una buena impresión. Continuamente estamos aprendiendo, para mejorar nuestras habilidades sociales, de comunicación así como nuestra imagen, y educación, para tener una mejor convivencia, con aquellos con los cuales, nos relacionamos, y otras personas que conocemos. Puede que un dia no saludo a alguien porque se sentía desanimado, puede que tenga el hábito de llegar tarde, podría mejorar este hábito, si se lo propone. Puede que en alguna ocasión le presentaron a alguien importante, sucede que vuelve a encontrarse con esta persona nuevamente, y resulta que olvida su nombre, algo muy importante para cada individuo. Todos hacemos errores, nadie somos perfectos, sin embargo estos nos sirven como aprendizaje.

Estoy segura que alguno de ustedes habrá experimentado algunas de estas actitudes, o experiencias, no se preocupe, todos los días tenemos oportunidades para dar una buena impresión, aprendiendo de nosotros mismos, y al interactuar con los demás. Cada día que se esfuerce y haga lo mejor en su vida, hará la diferencia.

Sin embargo, aunque la actitud y la apariencia son muy importantes. Todos tenemos derecho, a no maquillarnos, a, no sonreír, o no saludar. Somos seres humanos, con imperfecciones. Comprendernos unos a otros sin juzgar a nadie por su actitud o apariencia, sería lo correcto.

Sin embargo, cuando practicamos una actitud correcta, proyectamos una bonita imagen, nos sentimos bien con nosotros mismos automáticamente, transmitimos empatía y hacemos que otros se sientan bien a nuestro lado.

CONOZCA SUS VALORES

Es importante conocer nuestros valores ya que nos permiten establecer relaciones saludables, principios básicos que orientan nuestro desarrollo personal, intelectual y profesional. Interesarnos en los demás, es estar presentes, comunicar, hacer preguntas, saludar sinceramente a quienes nos rodean, escuchar asertivamente. Tener la libertad de ser nosotros mismos para expresar nuestras ideas. Ser sinceros con nuestra pareja, con nuestra familia, con nuestras amistades, con nuestros companeros de trabajo.

Los valores sociales, son la necesidad de relacionarnos con los demás. El amor por la familia, y la convivencia con los amigos. Los valores morales son el respeto por la patria, expresar lo mejor de nuestra raza y cultura, nuestro país. Los culturales son aquellos que representan lenguas, costumbres, tradiciones de una comunidad o de un país.

La iniciativa para escuchar, la comprensión para entender, y la empatía para aceptar a los demás

APRENDA A CONOCERSE

Aprender a conocernos es fundamental para saber cómo está nuestra autoestima, saber qué queremos, y a dónde nos dirigimos, conocer nuestra capacidad de inteligencia, creatividad, habilidades, y talento, y saber que expectativas tenemos acerca de nosotros mismos, cuales son nuestras metas, que deseamos lograr. En qué áreas necesitamos crecer. Asimismo es importante conocer nuestras emociones, si están saludables o heridas, si hay falta de perdón, ya que estas nos guían de alguna manera para conocer nuestra actitud, si es positiva o negativa, en el ámbito familiar, laboral y profesional. La actitud es lo más importante de cada individuo, ya que esta nos conlleva a formar excelentes relaciones.

Los valores son esenciales en la vida de cada persona, sin duda estos nos ayudan para saber tomar las decisiones correctas y saber elegir lo que nos beneficia. Son principios y cualidades que nos guían de alguna manera para saber cómo actuar.

Primeramente ser honestos con nosotros mismos, amarnos, aceptarnos y valorarnos. Aceptar responsabilidades, evitar las mentiras, aceptar cuando nos equivocamos, esto es parte de ser nosotros mismos.

La empatía es fundamental en la vida de cada individuo, mostrar una sonrisa, brindar un saludo, escuchar ideas y opiniones asertivamente sin juzgar ni criticar.

Líderes valiosos

Los líderes no solo se encuentran en las compañías para las cuales usted trabaja. Hombres y mujeres valiosos los encuentra dentro de su hogar, en grupos de amistades, en grupos de deportes, en oficinas, lo podemos observar en la calidad de sus servicios, la manera de comunicarse con los demás. Los líderes realmente valiosos son aquellos que dirigen con integridad, que se interesan sinceramente por el bienestar de sus seguidores, lo cual les muestran el camino para la superación y le dan las herramientas para su desarrollo personal.

Los líderes saben que para que puedan ser escuchados, primero deben saber escuchar a los demás, algo que es importante para cada individuo, ser escuchado. De igual manera saben que, para dirigir, para instruir y para corregir, deben actuar con sabiduría y tacto, especialmente cuando interactuamos con personas nuevas a quienes les conocemos poco, porque no conocemos sus emociones, y su educación.

Cuando una persona grita, ellos dicen, si hablas más despacio podré entenderte, si bajas el tono de tu voz, podría escucharte. Un líder debe brindarles la confianza a aquellos a quienes dirige para que puedan desenvolverse con libertad. Compartir tiempo con cada individuo para saber como piensa, mas que nada escuchar sus ideas, ya que estas podrían ser de gran ayuda para la compañía, para la escuela, para la iglesia. Cada individuo es inteligente y valioso, independientemente de su fisico, apariencia, emociones o actitudes.

¿QUÉ HACER PARA SER AUTÉNTICO?

Para ser auténtico, solo debe practicar sus valores diariamente, y evitar las mentiras.

Debe mirar a las personas a los ojos en cada momento que se comunica con ellos.

Ser fieles a las promesas que hacemos, de esta manera seremos fieles con nosotros mismos. Y así seremos respetados.

Evite ser codependiente de los demás en cuanto a aceptación, cómo debe ser o hacer las cosas en su vida diaria.

No quiera ser como él, o ella. Usted es único, valioso, no existe otro que se le parezca.

Cumplir responsablemente, con las obligaciones en la familia, y en el trabajo.

Esforzarnos por cumplir las leyes, normas y costumbres de nuestra sociedad.

Brindar la mejor atención a cada persona, escuchar asertivamente.

Ser firmes y constantes en nuestro carácter.

Aprender a tomar las decisiones correctas y no depender de otros, para que decidan por nosotros.

Tener un estilo propio en nuestra manera de vestir.

Practicar siempre una buena actitud, dar un trato justo.

Sonreír amablemente, porque su sonrisa, es parte de su esencia misma.

Esforzarnos cada día para hacer las cosas con excelencia.

¿CÓMO SE CREA EL AUTOESTIMA?

La baja autoestima es causada por miedos e inseguridades. Miedo a comunicar, miedo a hacer preguntas, pensar en lo que puedan decir los demás. Enfrenta la baja autoestima. Aprenda a respetarse a sí mismo. Valorese frente a los demas.

En primer lugar debe tener el autoconcepto de que usted es valioso.

Segundo lugar debe conocer sus emociones, si están heridas, hay falta de perdón, si están saludables ha aprendido a perdonar ya que de estas dependen sus hábitos en su manera de expresarse de si mismo, o hacia los demás.

Todo tiene que ver con su manera de pensar. Rechace los pensamientos negativos, cada vez que tenga pensamientos negativos reemplazarlos por pensamientos de productividad, creatividad,recuerdos de experiencias agradables que haya experimentado, evite quejarse, evite la crítica Usted tiene el poder para crear pensamientos positivos, y desarrollar la mejor versión de si mismo, en su vida diaria.

Debe actuar conforme quiere que otros lo perciban confiado, seguro, actuar con una postura firme, tanto verbal como no verbal

Debe practicar la empatía, y la asertividad comenzar con nuevos hábitos, nuevos pensamientos, palabras de calidad, nueva apariencia, actividades y pasatiempos que le edifiquen y que le hagan sentirse bien consigo mismo. Actue. tome acción, debe creer y apreciar sus habilidades, reconocer que usted es inteligente y que puede realizar cualquier meta que se proponga, estas le ayudaran asi mismo y a los demás. debe practicar la confianza en si mismo.

Que se requiere para mejorar nuestra autoestima.

Reemplaza tu diálogo negativo por uno positivo.

Respétate a ti mismo, no tengas miedo expresar tus opiniones cuando no estás de acuerdo. Valórate.

Amarnos a nosotros mismos,es aprender a tomar las decisiones correctas.

Aceptar responsabilidades, reconocer errores.

No te sientas mal cuando hagas errores.

Todos nos equivocamos, nadie somos perfectos.

Sin embargo siempre tenemos oportunidades para hacer lo mejor en nuestra vida.

Comenzar con un hábito de hacer ejercicio.

Comer saludablemente, tomar mucha agua.

Decirse palabras hermosas cada dia.

Leer un buen libro diariamente le ayudará a crecer.

Escoja los mejores colores en su vestuario.

Atrévase a usar los colores que nunca ha usado por temor a ser criticado (o).

Todos tenemos historias que contar.

Comparta su mejor historia.

Escuche asertivamente, nos edificamos cuando escuchamos.

Compartir una sonrisa a quienes le rodean.

Practicar el ánimo y entusiasmo diariamente. Independientemente de los obstáculos practique una actitud positiva.

Practicar la gratitud. Dar gracias a Dios por sus maravillas.

Tener el autoconcepto de que somos valiosos.

Aceptarnos a nosotros mismos, aceptar y amar nuestro físico, el color de ojos, el cabello, la estatura, la forma de nuestras manos, la forma de nuestro cuerpo. Pensar que hemos sido creados para amarnos y ser felices, practicar lo mejor en nuestras vidas.

Valorarnos, porque hemos sido creados con habilidades para desarrollar, pensar que podemos crear la mejor versión de nosotros mismos.

¿TU IMPORTAS, SABES POR QUÉ?

ERES

INTELIGENTE

CREATIVO

TALENTOSO

EDUCADO

EXITOSO

Tu importas para tu familia, para la compañía donde trabajas porque eres inteligente y creativo, para el equipo de deporte al cual perteneces, importas para la escuela donde te preparas para realizarte como profesionista, tu importas porque eres parte de la sociedad. Amate cada dia porque eres valioso.

USTED HACE LA DIFERENCIA

Como seres humanos todos tenemos diferentes valores y pensamientos, sin embargo, cuando se trata del amor todos sentimos y pensamos lo mismo, positivamente, puesto que este sentimiento es innato. Así mismo cuando se trata de desarrollar la inteligencia y las habilidades, lo cual nos ayuda a formar nuestros propios valores. El amor es lo que hace la diferencia.

Nosotros no elegimos a nuestros padres, tampoco la manera en cómo crecimos, sin embargo, si podemos elegir nuestra actitud para tener una buena relación con los demás, si podemos elegir hablar palabras de calidad, si podemos elegir estudiar y realizarse como profesionista, si podemos elegir los pensamientos positivos, y controlar aquellos negativos, podemos elegir educar nuestras emociones, para ser la mejor versión de si mismo. Así mismo, podemos elegir a nuestras amistades. También, podemos elegir ser valientes para poner límites al rechazo, al desánimo, al bullying, y a las críticas. ¿Cómo? Amandonos cada día, porque no nos ha dado Dios espiritu de cobardía, sino de poder, de amor y de dominio propio.

SU ETICA LE RECOMIENDA

En el condado de College Station, Texas existen varios ortodoncistas, pero uno de ellos me llamó la atención, por su manera tan peculiar de tratar a sus pacientes. Desde la primera consulta, les hace sentir, importantes. Les dan un saludo cordial. Y no solo eso, los hacen sentir como en casa. Al observar las actitudes de amabilidad y ética profesional del Dr. Brandon y su personal, me hicieron pensar, que les importan las personas.

Sus oficinas son una combinación de carisma, confortabilidad y tecnología. No son como de un ortodoncista, son más bien, para que las personas se sientan, como en casa.

La decoración es acogedora. Conversa con las personas mientras los atiende, y regala un termo para el café y una camiseta.

Conocer profesionistas como el Dr. Brandon y su personal, lo único que podemos hacer es, recomendarlo con otros, para que le conozcan.

SU IMAGEN HABLA DE CÓMO USTED PIENSA.

La personalidad que mostramos con nuestra apariencia es la esencia misma de cada individuo. Quien se esmera en su arreglo personal y su actitud es, porque se ama, porque le importa sentirse bien consigo mismo. Y hacer sentir bien a quienes le rodean, con su presencia.

Es importante aprender a amarnos y valorarnos. La ropa, los colores, el estilo de cabello que escogemos en nuestra persona es algo muy personal de cada individuo, sin embargo, es algo esencial para sentirnos confiados.

La apariencia habla de su estado de ánimo y el autoestima que tiene cada individuo, y cómo piensa acerca de si mismo. Sin embargo hay quienes juzgan a otros por su manera de vestir, le ven como vanidosos presumidos. Las personas insatisfechas siempre van a observar lo negativo, y no lo que le hace lucir bien a cada persona que le rodea. Y que si usa vestido hasta la rodilla, y que si usa lápiz labial, y que si cambia de color de cabello. Es importante entender que somos seres humanos que constantemente estamos aprendiendo renovándonos cada día porque nos amamos, deseamos sentirnos y vernos bien.

ENCONTRAR AL
MENTOR CORRECTO

Antes de comunicarnos con algunos mentores,debemos mostrarles un proyecto para que puedan brindarnos los consejos necesarios.

Por lo regular los mentores son personas profesionales que están capacitados para escuchar, y, aconsejar asertivamente. Por lo mismo se mantienen muy ocupados.

Es fundamental ser honestos con el mentor. Expresar el motivo principal por el cual solicitamos sus consejos, es este proyecto, y es para el crecimiento de los demás, por tanto es imprescindible gratificar por sus servicios, tener detalles para ellos.

Existen diferentes clases de mentores, todo depende cuales son sus metas que desea llevar a cabo, o cual es la habilidad en la cual desea destacar, podría ser liderazgo, mentoría, comunicación, arte, ciencias, etc. Los mentores son importantes ya que, de alguna manera nos guían para desarrollar las habilidades que requerimos para el crecimiento educativo y profesional. Algunos inconscientemente son mentores, los maestros, profesores y consejeros que aconsejan a los estudiantes para que logren desarrollar su potencial.

Se requiere disciplina concentración, amor propio, confianza, actitud, gratitud, y por supuesto tener fe y creer. Dios es maravilloso. Le doy gracias a Dios por este proyecto y a mi Hija Grace que creyó en mí, así mismo a mi hijo Cris y a mi editora Karla, Muchisimas Gracias.

El proceso de desarrollar habilidades

Para desarrollar un proyecto o alguna habilidad. Se requiere carácter, disciplina, concentración, confianza, amor propio, y fe, empatía y asertividad para desarrollar excelentes relaciones. Así mismo entereza para saber lidiar con las críticas, entender que todos tenemos diferentes pensamientos, hay quienes critican los errores, las equivocaciones, algunos individuos no comprenden el esfuerzo que se lleva realizar algún proyecto, o desarrollar alguna habilidad.

Por causa de estas experiencias viene el desánimo. Cuando esto sucede, es importante reforzar nuestros pensamientos positivos, mantenernos enfocados en nuestras metas, animarse así mismo, para continuar con el crecimiento, estamos en una constante renovación aprendiendo. No dejar que las criticas nos desanimen, al contrario debemos pensar que, por cada critica negativa que recibimos, vamos a obtener algo bueno, desarrollar las habilidades necesarias que se requiere para crecer, fortaleza, entereza, confianza en si mismo, la fe para realizar nuestros objetivos y hacer realidad nuestros sueños.

¿CÓMO LOGRAR QUE NOS VALOREN?

Ser coherentes con lo que decimos y hacemos. Entregar un proyecto en el tiempo señalado, mantener la comunicación, escuchar asertivamente, mantener una actitud positiva, evitar las mentiras. Estas cualidades son las que nos dan valor frente a los demás.

Las personas se interesan en nosotros cuando observan que nos esforzamos diariamente en todos los ámbitos de nuestra vida, tanto familiar, laboral, y profesional. Es importante motivarnos diariamente para mantener una alta autoestima, conocer nuestros valores, habilidades y emociones, nos ayuda a fomentar el valor en nuestra persona.

Si queremos que nos valoren es importante estar presentes en los eventos mas importantes con aquellos individuos con los que deseamos mantener una relación.

EL PODER ESTÁ DENTRO DE USTED

1. INICIATIVA
2. COMUNICACIÓN
3. CARÁCTER
4. ENTEREZA
5. TALENTO
6. CREATIVIDAD
7. GRATITUD
8. ACTITUD
9. AGRADECIMIENTO
10. ÉXITO

Los valores y talentos son como diamantes en los cuales debemos trabajar diariamente para pulirlos, solo es cuestión de practicarlos para ser exitosos.

TRABAJE EN SUS METAS

Usted es maravilloso. Es importante que se añada valor, porque usted es inteligente. Hay cosas maravillosas dentro de usted que desconoce o que conoce, como un talento que quizá no ha desarrollado, debido a miedos, miedo a lo desconocido, miedo a hacer preguntas o sencillamente le ha dado prioridad a otras cosas, como atender a la familia.

Siempre hay cosas maravillosas que, podemos aprender y desarrollar diariamente.

Aferrarse a una meta, concentrarse en ella, hasta desarrollarla.

Planear hacer algo que le edifique cada día.

Leer diariamente un buen libro, le ayudará a crecer.

Mantenerse motivados, pensando que puede desarrollar cualquier actividad.

Aprenda activamente, escuche, observe y pratique.

Viva libremente sin miedos y sin ataduras.

Ame sinceramente, expresa una sonrisa, exprese gratitud.

Piensa positivamente, piensa en grande, y se feliz.

Usted hace la diferencia.

after this page add the text:

GRATITUD

Es el concepto de la actitud que expresa cada individuo hacia los demás, con palabras, actitudes y acciones. La palabra GRATITUD Lo dice todo, sencillamente expresar gracias a Dios cada dia por su amor, por la naturaleza, por nuestra familia. Se siente bien consigo mismo. Así mismo, expresar gratitud a las personas genera amor, energia, alegria, entusiasmo, pensamientos positivos. Ha observado cuán emocionados y agradecidos se muestran algunos cuando reciben un regalo, cuando las personas le expresan una sonrisa, cuando le reciben con amabilidad. Se ha puesto a pensar cuántas personas practican la gratitud. Sinceramente en el condado de Bryan College Station Tex. Todas las personas practican la gratitud y la empatía.

En los centros comerciales y oficinas muestran amabilidad y empatía. Yo personalmente me siento feliz cuando mis hijos me dicen gracias mama por cocinar. Sin duda alguna la gratitud transforma emociones, caracter, cuerpo, mente, y actitudes. Usted lo cree ? Yo tambien lo creo!...

EMPATIA

El concepto de la simpatía es, una forma de relacionarnos con otros, sin embargo una sonrisa, o un saludo amable en algunas ocasiones no es suficiente. Todo individuo es inteligente, puede percibir la sinceridad de las personas,hasta el más inculto puede observar y sentir si es escuchado y comprendido, sinceramente. Entender las emociones y sentimientos ajenos es fundamental para mantener relaciones saludables, en lugar de atacarlos y contradecir sus sentimientos, o ideas. La empatía se puede aprender, se puede practicar, se puede desarrollar. Escuchar conscientemente a otros es, una manera de mostrar empatía.

AMISTAD

Esta se profundiza con el tiempo, si se cultiva, lo más valioso que un ser humano puede tener. Si usted puede tener una amistad sincera con otra persona, que bueno. Sin embargo existe un amigo honesto, verdadero, amoroso, sincero. Dios es, el único amigo en quien podemos confiar sinceramente y que siempre le va a amar, siempre le va a escuchar y nunca le va a decir que está cansado de usted. El nunca le va a criticar o rechazar, confíe en Dios.

Tu eres único, no hay otro que se parezca a ti,

Aunque tenga las mismas cualidades

hay algo especial en ti que, te diferencia de los demás.

La manera en como haces las cosas y tu sonrisa

Printed in the United States
by Baker & Taylor

Printed in the United States
By Bookmasters